AF311988

<u>Exposition Universelle de 1900 à Paris.</u>

LE GRAND

TRANSSIBÉRIEN.

Publié par la Chancellerie du Comité des Ministres.

St.-Petersbourg.
IMPRIMERIE DE L'ÉTAT.
1900.

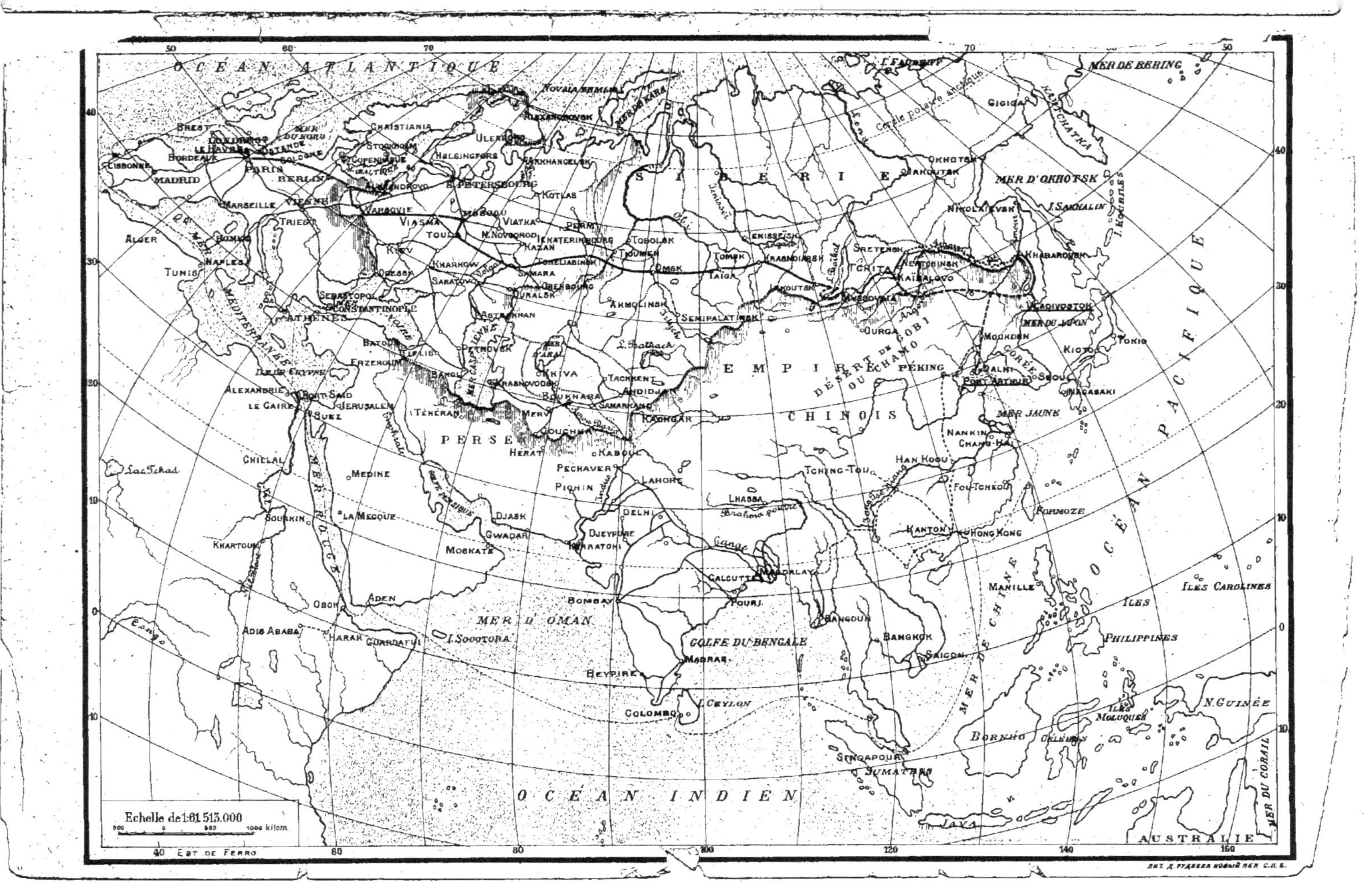

Echelle de 1:81,512,000
Est de Ferro
OCÉAN ATLANTIQUE
OCÉAN INDIEN
OCÉAN PACIFIQUE
MER MÉDITERRANÉE
MER ROUGE
MER CASPIENNE
MER D'OMAN
MER DE CHINE
MER JAUNE
MER D'OKHOTSK
MER DE BÉRING
MER DU CORAIL
GOLFE DU BENGALE
SIBÉRIE
EMPIRE CHINOIS
DÉSERT DE GOBI
PERSE
CEYLAN
SUMATRA
BORNEO
PHILIPPINES
ÎLES CAROLINES
N.GUINÉE
AUSTRALIE
MADRID
PARIS
BERLIN
ALGER
TUNIS
NAPLES
TRIESTE
CONSTANTINOPLE
SÉBASTOPOL
KIEV
KHARKOW
MOSCOU
ST.PÉTERSBOURG
ARCHANGEL
CHRISTIANIA
HELSINGFORS
KAZAN
PERM
EKATERINBOURG
TOBOLSK
OMSK
TOMSK
TACHKENT
SAMARCANDE
KHIVA
BOUKHARA
HÉRAT
KABOUL
KACHGAR
PÉCHAWER
LAHORE
DELHI
BOMBAY
MADRAS
COLOMBO
CALCUTTA
LHASSA
BANGKOK
SAIGON
HONG-KONG
KANTON
HAN-KEOU
NANKING
PÉKIN
TCHING-TOU
MANILLE
SINGAPOUR
SOUKHIN
KHARTOUM
ADIS ABEBA
HARAR
ADEN
MOSKATE
LE CAIRE
PORT-SAÏD
SUEZ
JÉRUSALEM
LA MECQUE
MÉDINE
ALEXANDRIE
TÉHÉRAN
BAGDAD
TOKIO
NICOLAYEVSK
VLADIVOSTOK
KHABAROVSK
I.SACHALIN
I.KOURILES
KAMTCHATKA
l.Baïkal
IRKOUTSK
TCHITA
BARNAOUL
SEMIPALATINSK
AKMOLINSK
ORENBOURG
SARATOW
VIATKA
KOLA
TRIPOLI
LISBONNE
BREST

Sa Majesté Impériale

NICOLAS ALEXANDROVITCH

Empereur et Autocrate de toutes les Russies

Auguste Président du Comité du chemin de fer Transsibérien

Le Grand Transsibérien.

I.

La Sibérie forme toute la partie septentrionale du continent asiatique placé sous la domination de l'Empire Russe ; cette contrée est située entre les 45° et 77° degrés de latitude Nord et les 58° et 188° degrés de longitude Est au méridien de Paris.

La Sibérie est bornée, à l'Ouest, par la chaîne de l'Oural et la rivière du même nom, au Nord, par l'Océan Glacial, à l'Est, par l'Océan Pacifique y compris les mers de Behring, d'Okhotsk et du Japon ; au Sud, la Sibérie a pour frontières les possessions russes de l'Asie Centrale, l'Empire Chinois et, enfin, la Corée.

La Sibérie a 14 millions 1/2 de kilomètres carrés de superficie ; cette étendue est égale au neuvième des terres du globe terrestre, au quart du continent asiatique ; elle dépasse de deux fois et demie l'étendue de la Russie d'Europe et d'une fois et demie celle du continent européen tout entier.

La grandeur de ces proportions suffit à expliquer la variété des particularités physiques des différentes régions de la Sibérie. Au point de vue de la colonisation, cette contrée comprend deux grandes zones principales qui se trouvent en quelque sorte tracées par la nature même ; ces zones s'étendent dans la direction de l'Ouest à l'Est et sont très dissemblables entre elles. La zone méridionale, qui comprend la partie de la Sibérie actuellement traversée par le Transsibérien, est relativement plus peuplée. Les qualités du sol et les conditions climatériques rendent cette zone entièrement propre au développement de la culture et de la colonisation.

La seconde de ces zones occupe toute la région Nord du territoire sibérien ; elle présente une suite continue de « toundras » ou marais polaires ; les couches inférieures du sol y sont à l'état de congélation perpétuelle et rendent ce pays impropre à la culture. Entre ces deux zones se trouve ce qu'on nomme la région de la « taïga » ou des « ourmans», c'est-à-dire des forêts vierges d'arbres de hautes futaies à feuilles aciculaires alternant avec des bois plus jeunes, d'essences latifoliées, avec des marais, et, au delà du 90° degré de longitude, avec des régions alpestres. Cette zone intermédiaire, elle aussi, a été utilisée, ces derniers temps, pour les besoins de la colonisation.

Au point de vue géographique, la Sibérie peut être divisée ainsi qu'il suit : la Sibérie Occidentale, comprenant les provinces de Tobolsk et de Tomsk avec les territoires des steppes d'Akmolinsk, de Sémipalatinsk, de Tourgaï et de l'Oural ; la Sibérie Centrale, qui embrasse les provinces de l'Yénisseï et d'Irkoutsk ; la Sibérie Orientale, dont font partie le territoire d'Yakoutsk et la contrée de l'Amour, cette dernière ayant elle-même pour subdivisions : le Transbaïkal, l'Amour, le territoire Maritime et l'île de Sakhaline.

La Sibérie Occidentale est une vaste plaine qui correspond aux bassins de deux grands fleuves, l'Obi et l'Irtych. Elle est montagneuse dans sa partie méridionale. La partie centrale est très propice à l'agriculture et sert depuis longtemps de débouché au mouvement d'émigration de la Russie d'Europe ; les immigrants y sont attirés par les conditions climatériques et les qualités du sol, qui ont un grand rapport avec celles de la Russie Centrale.

C'est surtout vers le district de l'Altaï que se porte le courant de l'immigration. Ce district est situé dans la partie Sud de la province de Tomsk et fait partie du Domaine Privé de S. M. Impériale ; il présente dans sa partie Sud-Est des massifs montagneux, dont quelques-uns atteignent une altitude de 10,000 pieds au-dessus du niveau de la mer ; ces massifs sont coupés par des vallées où se trouvent réunies les principales richesses minérales de la Sibérie Occidentale : mines d'or, de plomb argentifère, de cuivre, gisements de pierres précieuses et de fer. On y a trouvé également d'importantes mines de charbon.

Les provinces de la Sibérie Centrale, celles de l'Yénisseï et d'Irkoutsk, sont situées dans le bassin de l'Yénisseï et se distinguent de la région de la Sibérie Occidentale en ce qu'elles sont couvertes par de hautes ramifications des monts Sayan qui forment la limite entre les possessions russes et l'Empire chinois. Le climat de ces provinces est un peu plus rude que celui de la Sibérie Occidentale. A l'Est, la province d'Irkoutsk est bornée par le lac Baïkal, le plus grand réservoir d'eau potable de l'ancien continent, sa longueur (660 kil.) égale celle de la mer Adriatique, il a de 35 à 95 kil. de large et 34,000 kilomètres carrés de superficie. L'Angara, rivière qui sort du côté Ouest du lac Baïkal, le met en communication avec l'Yénisseï.

Ces provinces sont riches en or, argent, cuivre, fer, néphrite, et autres minéraux.

Le vaste territoire d'Yakoutsk, qui occupe le bassin de la Léna, a le caractère montagneux et se distingue par l'extrême rudesse de son climat ; la culture du sol n'est possible que dans la partie méridionale de ce territoire, et, là même, l'agriculture n'est qu'à l'état sporadique. Parmi les richesses minérales qu'on y rencontre, il convient de citer le plomb argentifère, le charbon, le fer, les pierres de couleur, le sel gemme et surtout l'or.

Enfin, la contrée de l'Amour comprend toute la partie russe du bassin du fleuve qui porte ce nom, ainsi que la zone côtière des mers du Japon, d'Okhotsk et de Behring, avec la presqu'île du Kamtschatka et l'île de Sakhaline. Sur les trois divisions administratives de cette région, le territoire du Transbaïkal, couvert de chaînes de montagnes, a un climat plus dur que celui de la Sibérie cisbaïkale; toutefois, dans la partie Sud de ce territoire (jusqu'au 53° degré de latitude Nord environ), on rencontre des vallées très bien cultivées par la population russe et abondamment arrosées par les eaux du bassin du Baïkal et de l'Amour, ainsi que des steppes formant d'excellents pâturages pour les troupeaux des indigènes nomades (Bouriates et Toungouzes) et des Cosaques russes qui occupent les cantons limitrophes de la Chine. La région du Transbaïkal contient un grand nombre de richesses minérales, entre autres, des gisements d'or, du plomb argentifère et de cuivre; elle contient, en outre, de l'étain, de mercure, du charbon et des sources minérales en grande abondance.

Le territoire de l'Amour et la partie Sud du territoire Maritime ont également le caractère montagneux; ils se distinguent, en raison de la proximité de l'océan Pacifique, par leur climat plus doux et plus humide, tout à fait favorable à la culture.

La colonisation de cette région, surtout celle du bassin de l'Oussouri, principal affluent de l'Amour, se poursuit avec succès et donne de très bons résultats. Quant à la partie septentrionale du territoire Maritime, c'est-à-dire à la région du Kamtschatka et de l'Okhotsk, les conditions climatériques y sont si rigoureuses que la culture ne peut s'y développer. Il en est de même dans l'île de Sakhaline.

L'annexion de la Sibérie à l'Etat russe a commencé à la fin du xvi° siècle sous le règne du Tsar Jean IV, le Terrible, lorsque la Russie, après avoir assujetti les tatares de Kazan et d'Astrakhan, et s'être emparée du bassin du Volga et de l'Oural, avait déjà atteint un haut degré de puissance. La gloire d'avoir été le premier conquérant de la Sibérie appartient à Yermak, héros national, qui, ayant franchi l'Oural avec 500 cosaques, défit, en 1581, les hordes du khan tatare Koutchoum, s'empara d'Isker ou Sibir, sa capitale, et obligea ces hordes nomades à se réfugier dans les steppes situées au Sud.

Lorsque la nouvelle de la conquête de la Sibérie fut parvenue à Moscou, des troupes russes furent envoyées au secours de Yermak.

Après la mort de ce dernier, qui périt en 1584 dans les eaux de l'Irtych, son œuvre fut achevée et les premières villes russes furent fondées en Sibérie; ce furent Tumen, sur la Toura, et Tobolsk, sur l'Irtych. Dès lors, l'expansion russe vers l'Est ne rencontra plus de sérieuse résistance, et les rives de l'Amour, furent atteintes vers le milieu du xvii° siècle. Les peuplades indigènes, dès leur premier contact avec les Russes, se rangèrent généralement sans résistance sous la domination du puissant tsar de Russie, et lui payèrent tribut.

Pour affermir le lien rattachant l'État moscovite à la contrée nouvellement conquise, le gouvernement créa successivement toute une série de points fortifiés qui dans la suite, furent transformés en villes. En très peu de temps, c'est-à-dire, de la fin du xvi° siècle au milieu du xvii°, les bassins des trois fleuves principaux de la Sibérie, l'Obi, l'Yénisseï et la Léna, furent acquis à la domination russe et les frontières sibériennes commencèrent à reculer de plus en plus vers l'Est.

La rapidité de la conquête de cette contrée a été facilitée beaucoup par l'ensemble de ses conditions géographiques, notamment par l'absence de hautes chaînes de montagnes ainsi que par l'abondance et l'heureuse disposition de ses voies navigables.

A l'avant-garde de ce mouvement d'expansion marchaient de petits détachements d'hommes libres, de Cosaques, expédiés le plus souvent par les voïévodes des forteresses créées pour assujettir les indigènes au tribut. Ces détachements, qui pénétraient dans un pays entièrement inconnu, déployèrent une énergie, un esprit d'entreprise extrême dans l'accomplissement de la grande œuvre historique de l'extension des limites orientales de l'Empire Russe.

Dès la fin du xviie siècle les Cosaques avaient touché l'Océan Glacial et exploré ses rivages ; ils furent les premiers à pénétrer, par le détroit de Behring, découvert par eux, jusqu'au Kamtschatka (expédition Dejnev) atteindre la mer d'Okhotsk et le fleuve Amour (expéditions Poiarkov et Khabarov).

En 1697, le Kamtschatka fut annexé à la Russie par le cosaque Atlassov. Au xviiie siècle, la population nomade kirghize des territoires des steppes passe graduellement sous la domination russe ; vers le milieu du xixe siècle, le capitaine Nevelsky explore les embouchures de l'Amour. La contrée de l'Amour fut annexée à la Russie par le général Mouraviev, gouverneur-général de la Sibérie Orientale, devenu plus tard comte Mouraviev-Amoursky; cette province fut définitivement cédée par le gouvernement. chinois par le traité de Pékin, signé par le comte Nicolas Ignatiev en 1860. L'annexion de cette contrée a été d'une haute importance pour la Russie; car elle lui ouvrit un débouché sur la mer du Japon. Par la convention de 1875, conclue avec le gouvernement japonais, l'île de Sakhaline passa sous la domination russe et devint un lieu de déportation pour les grands criminels.

Parallèlement à la conquête de la Sibérie, se développait la colonisation de ce pays par des immigrants venus de la Russie d'Europe. Les premiers colons furent les hommes libres qui l'avaient conquise ; c'est grâce à eux que cette contrée s'est agrandie ; ce sont eux qui ont formé la population cosaque sibérienne. Pour assurer davantage le peuplement de la Sibérie par des Russes, et l'unification complète de ce pays avec la Russie d'Europe, le gouvernement moscovite, aussitôt après l'annexion, prit toute une série de mesures : il y fit déporter certains criminels de droit commun, des prisonniers de guerre, etc., et encouragea l'immigration volontaire de colons. Le nombre des individus déportés en Sibérie, pendant tout le temps où la déportation a fonctionné, est insignifiant en comparaison de celui des colons émigrés volontairement.

Maintenant, la Sibérie étant reliée à la Russie d'Europe par le Grand Transsibérien, l'Etat a résolu d'abolir la déportation dans cette contrée, pour mieux y assurer le développement de la vie civile.

Pour ce qui est de la colonisation libre, le gouvernement moscovite, dès 1590, se préoccupa de faire produire à la Sibérie les céréales dont elle avait besoin pour la subsistance de ses habitants. Dans ce but, il adressa de fréquents appels à ceux des paysans des provinces de la Russie d'Europe, limitrophes de la Sibérie qui n'appartenaient pas comme serfs à des particuliers. En même temps, on apportait une attention spéciale à distribuer la population le long des routes. Plus tard, au xviii° siècle, lorsque l'industrie minérale eut pris de l'importance, on s'efforça d'augmenter en Sibérie le personnel ouvrier des usines métallurgiques. Toutes ces mesures prises par le gouvernement pour coloniser le pays donnèrent certainement moins de résultats que l'émigration clandestine des serfs fugitifs qui allaient chercher en Sibérie la liberté et l'espace. On peut juger de l'importance de cette colonisation libre par le fait, que, dès le début du xix° siècle, la Sibérie Occidentale comptait à elle seule une population russe de plus de 600,000 habitants dont la majeure partie était venue s'y établir sans le concours et même sans l'autorisation du gouvernement. Au xix° siècle, une modification profonde se produisit dans le caractère de l'émigration russe à la suite de l'émancipation des serfs, la grande réforme du Tsar-Libérateur Alexandre II. A dater de cette époque, ce qui fournit à la colonisation de la Sibérie son principal élément, ce sont les paysans des provinces agricoles, les plus peuplées de la Russie d'Europe, où — par suite de l'accroissement naturel de la population et du mode de culture extensive auquel les paysans restent fidèles, — les lots attribués aux ex-serfs lors de l'émancipation sont devenus insuffisants. Le manque de terre dont souffrent les paysans des provinces agricoles joint à l'impossibilité où ils sont, d'une part, de trouver comme dans les régions industrielles de l'empire, des salaires rénumérateurs et, d'autre part, de passer brusquement à un mode de culture plus intensive — tels sont jusqu'à présent les principaux facteurs de l'émigration. En vingt années, de 1860 à 1880, il a émigré un total de 110,000 personnes et pendant les treize années suivantes, de 1880 à 1892 inclusivement, 440,000.

L'extension prise par ce mouvement, dans la seconde moitié du xix° siècle, et le caractère de force irrésistible qu'il revêtissait, obligèrent le gouvernement à prendre des mesures pour le régulariser. En 1885, il fut créé, dans la Sibérie Occidentale, un corps spécial de topographes et de fonctionnaires chargés de constituer des territoires, dits de colonisation. En 1889, une loi concernant l'émigration sur les terres domaniales fut promulguée, et cette loi est encore en vigueur.

Il est alloué aux personnes qui émigrent en Sibérie avec l'autorisation gouvernementale des lots de terrain d'une étendue de 15 déciatinas *) par individu. Pendant les trois premières années qui suivent leur installation, les émigrés jouissent d'une exemption d'impôts complète, et d'une réduction de moitié pendant les trois années suivantes, ainsi que d'un sursis de trois ans pour l'accomplissement de leur service militaire.

Indépendamment du transport des immigrants par la voie de terre

---

*) 1 déciatina = 1.09251 hectare.

à travers l'Oural, on a organisé leur exode, par mer, dans la région Sud de l'Oussouri à l'aide des bâtiments de la flotte nationale indépendante. Il a été transporté par ce dernier moyen, de 1883 à 1892, 17,000 émigrants.

Des privilèges spéciaux ont été accordés aux émigrants dans le territoire de l'Amour et dans le territoire Maritime ; ceux-ci reçoivent 100 déciatinas de terre par famille et sont exempts d'impôts et de toute prestation et service envers l'Etat pendant une durée de vingt ans, etc.

En 1893, lorsque le Comité du chemin de fer Transsibérien fut créé, toute l'œuvre de la colonisation de la Sibérie fut mise en connexion avec celle de la construction de cette voie ferrée, et la haute direction du mouvement colonisateur fut confiée à ce Comité.

Le résultat le plus immédiat de l'émigration en Sibérie a été le peuplement, par des colons russes, des régions les plus favorables à la culture de la zone Sud de cette contrée, qui s'étend des monts Ourals jusqu'au lac Baïkal, et au delà du Baïkal, à travers le bassin de l'Amour, jusqu'à la mer du Japon. Toutefois la répartition de la population entre les différentes régions n'est pas égale, à cause de la grande différence qui existe dans les conditions locales de ces régions et dans leur degré d'éloignement de la Russie d'Europe. D'après les résultats du recensement de 1897, on voit que des 8,188,368 habitants qui constituent la population de la Sibérie, plus d'un tiers (3,367,576 habitants) appartient aux deux provinces occidentales (Tobolsk et Tomsk) ; les quatre territoires des steppes contiennent 2,461,278 habitants ; les provinces d'Irkoutsk et d'Yénisseisk, 1,066,419 ; la région de l'Amour avec l'île de Sakhaline, 1,031,364 ; et, enfin, le territoire d'Yakoutsk, 261,731.

Les races qui composent la population sibérienne sont très variées ; le nombre des habitants de race non russe est assez considérable ; il comprend les aborigènes du pays et les nouveaux venus provenant de la Mongolie et établis en Sibérie avant l'annexion de cette contrée à la Russie ; les représentants les plus nombreux des races en question sont les Kirghizes et les Tatares, dans la Sibérie Occidentale, les Bouriates et les Toungouzes, dans les provinces sibériennes centrales et dans le Transbaïkal.

La Sibérie offre toutefois dans son ensemble le caractère d'un pays essentiellement russe, par suite de la prédominance de l'élément national russe, qui forme, dans la zone agricole, la plus cultivée de la Sibérie Occidentale, les 96 0/0 de la population ; près des 84 0/0, dans la Sibérie Centrale ; et 70 0/0 de la population, dans le territoire du Transbaïkal.

La population de race non russe n'est prédominante que dans la zone des toundras polaires, région ne rentrant pas dans la sphère de la vie civile sibérienne, et dans la steppe kirghize, où le nombre des paysans russes représente à peine les 25 0/0 du chiffre de la population.

II.

L'inauguration des travaux de construction du chemin de fer Transsibérien constitue une des pages les plus glorieuses du précédent règne, et couronne dignemeut l'œuvre politique hautement éclairée de l'Empereur Alexandre III.

Un rescrit Impérial du 17 mars 1891 confia à Mgr. le Grand Duc Tsésarévitch Nicolas Alexandrovitch, l'Empereur actuellement régnant, le soin de poser sur le littoral russe de l'Océan Pacifique les fondations du premier tronçon du chemin de fer qui devait traverser toute la Sibérie, « *Votre participation mémorable à l'inauguration de cette œuvre, si véritablement nationale, que j'ai entreprise,* — était-il dit dans le rescrit du Tsar Pacificateur, — *servira de nouveau témoignage de mon désir de faciliter les relations entre la Sibérie et les autres parties de l'Empire, et manifestera ainsi à cette contrée, proche à mon cœur, ma vive sollicitude pour sa prospérité dans les voies pacifiques* ».

Le 19 mai de la même année, Mgr. le Grand duc Tsésarévitch posa, de sa propre main, à Vladivostok la première pierre du Grand Transsibérien.

Conformément à la volonté exprimée par l'Auguste Fondateur du chemin de fer de Sibérie, l'œuvre de la construction de cette ligne a été placée dans des conditions exceptionnelles répondant entièrement à sa haute importance au point de vue des intérêts de l'Etat. Pour donner une direction générale aux travaux de construction et pour réaliser les entreprises auxiliaires ayant pour objet de favoriser la colonisation et le développement économique des régions traversées par cette grande ligne, il a été créé une haute institution gouvernementale spéciale, le Comité du chemin de fer Transsibérien, sous la présidence de Mgr. le Grand Duc Tsésarévitch, qui a continué à présider ce Comité personnellement, même après son avènement au trône de ses ancêtres.

Font partie du Comité les ministres de l'Intérieur, M. D. Sepiaguine; de l'Agriculture et des Domaines, M. A. Yermolov; des Finances, M. S. Witte; des Voies de communication, le prince M. Khilkov; de la Guerre, le général A. Kouropatkine; le gérant du ministère de la Marine, l'amiral P. Tyrtov et le contrôleur de l'Empire, le général P. Lobko. Ont été en outre nommés membres du Comité : le secrétaire d'Etat, J. Dournovo, les aides de camp généraux P. Vannovsky et N. Tchikhatchov, et le secrétaire d'Etat A. Koulomzine; ce dernier a été chargé de diriger les affaires du Comité. Les questions de chemins de fer sont examinées par le Comité avec le concours du Département d'économie du Conseil de l'Empire, présidé par le secrétaire d'Etat D. Solsky.

Sont invités à prendre part aux séances du Comité, dans certains cas spéciaux, les ministres: de la cour Impériale, Baron W. de Fréedéricksz; de la Justice, Mr. N. Mouraviev; des Affaires Etrangères, comte M. Mouraviev, et les Gouverneurs-Généraux de la Sibérie. La gestion des affaires du Comité est centralisée dans la Chancellerie du Comité des Ministres. L'élaboration préalable des questions se rapportant à la colonisation de la Sibérie et aux autres entreprises auxiliaires du Grand Transsibérien est confiée à une commission préparatoire spéciale, instituée, près le Comité, sous la présidence du secrétaire d'Etat Koulomzine et composée de représentants des différentes administrations.

Pour diriger les travaux de construction du chemin de fer, il a été institué un office spécial près le Ministère des voies de communication, et, pour la direction de l'œuvre de colonisation, une administration près le ministère de l'Intérieur.

Dans l'intérêt du service du transit, et pour éviter de trop lourdes dépenses dans une œuvre destinée à coûter tant de millions, on a adopté pour l'établissement de la voie ferrée le tracé le plus court; celui-ci correspond sur une grande partie du parcours au 55° parallèle et traverse la zone de la Sibérie qui est la plus fertile et relativement la plus peuplée. La construction de la ligne a été commencée des deux côtés opposés. Son point terminus à l'Occident est Tchéliabinsk, (chef-lieu de district de la province d'Orembourg) la dernière station du chemin de fer de Samara à Zlatooust.

En 1900, c'est-à-dire après neuf années de travaux, 5,400 kilomètres de rails ont été posés, ce qui donne une moyenne de 600 kilomètres par année.

Ces résultats doivent être considérés comme tout à fait remarquables, surtout si indépendamment des difficultés, contre lesquelles on a dû lutter pour faire passer le chemin de fer à travers des régions accidentées, des provinces de Tomsk et d'Yénisseisk, et du Transbaïkal, province exposée à des inondations fréquentes, on tient compte de la nécessité, ou l'on s'est trouvé de construire, pour la traversée des rivières, toute une série de ponts dont la longueur totale dépasse 48 kil. Le pont le plus grandiose, celui de l'Yénisseï, a 895 m. de longueur, et ses travées sont de 150 m.

La construction de la grande ligne transsibérienne a été menée avec une rapidité sans exemple et, sous ce rapport, on a même surpassé les résultats obtenus dans l'établissement du chemin de fer du Canada, entreprise analogue au Transsibérien, et qui pour 4,500 kil. de voie a duré dix ans.

En 1900, au moment de la reprise de la navigation, les communications entre le continent européen et Vladivostok ont été assurées, partie par chemin de fer, partie par bateau à vapeur suivant l'itinéraire ci-après : de Tchèliabinsk à Srétensk, par chemin de fer (4,421 kil.) avec traversée du lac Baïkal (64 kil.) sur un bâtiment brise-glaces spécialement aménagé pour le transport de tout un train ; de Srétensk à Khabarowsk par bateaux à vapeur sur la Chilka et l'Amour (2,240 kil.) ; et, enfin, de Khabarowsk à Vladivostok, par chemin de fer (766 kil.). Le voyage prend au total une durée de deux semaines et demie environ.

Pour faciliter le voyage, il a été organisé des trains courriers spéciaux circulant entre Moscou et Irkoutsk, qui desservent la ligne une fois par semaine. Ces trains contiennent des wagons-lits, un wagon-restaurant, une bibliothèque, une salle de bain, une salle de gymnastique, et surpassent, en confort, les meilleurs trains de luxe de l'Europe. Pour les communications entre Paris ou Londres et Vladivostok, par la Sibérie, il n'est plus besoin actuellement que de trois semaines et demie, au lieu de six semaines que demande la traversée d'Europe en Extrême Orient par la voie de Suez. On voit par là combien, grâce au chemin de fer de Sibérie, sont déjà rendues plus rapides les communications entre l'Europe et les contrées de l'Asie Orientale.

Ces communications seront encore facilitées lorsque seront achevés les travaux du tronçon circulaire du Baïkal (250 kil.) commencés en 1899, ainsi que ceux de la ligne de l'Est-Chinois, qu'une compagnie privée russe construit depuis 1897 dans les limites de la Mandchourie ; la longueur de cette ligne est de 1,536 kil.. et celle de son embranchement vers le sud, de 1,050 kil. C'est cette dernière ligne qui reliera le Grand Transsibérien, par la voie la plus directe, avec Vladivostok et avec Port-Arthur et Dalny (Talienwan) ports toujours libres de glaces, situés dans la presqu'île de Quantoun, laquelle a été cédée à à la Russie par le gouvernement chinois.

Lorsque cette ligne avec son embranchement sera terminée, un réseau continu de chemins de fer mettra en communication les points situés respectivement sur l'Océan Atlantique et sur l'Océan Pacifique à travers l'Europe et l'Asie. L'étendue totale du Grand Transsibérien, y compris celle du chemin de fer de Mandchourie et des embranchements, comprendra 8,870 kil.

L'itinéraire le plus commode pour passer d'un Océan à l'autre par voie de terre sera le suivant : le Havre—Paris—Cologne—Berlin, Alexandrovo—Varsovie- Moscou—Toula —Samara —Tchéliabinsk—Irkoutsk—Vladivostok. La longueur totale de cette route sera de 11,950 kil., dont 10,240 kil. (6/7 de tout le trajet) appartiennent, partie (6,510 kil.) au Grand Transsibérien, et partie (3,730 kil.) au réseau des chemins de fer de la Russie d'Europe ; les 1,710 kil. restants (1/7 de tout le trajet) seront afférents à l'Europe Occidentale, savoir : à la France (480 kil.), à la Belgique (160 kil.), à l'Allemagne 1,070 kilomètres.

En fin de faciliter l'exportation à l'étranger des produits sibériens, le Comité du chemin de fer Transsibérien leur a ouvert un nouveau débouché sur les marchés occidentaux de l'Europe, par le port d'Arkhangel et la mer Blanche ; il a procédé à la construction, dans la partie nord-est de la Russie d'Europe, d'une ligne de chemin de fer de 866 kil. de longueur entre Perm et la ville de Kotlas sur la Dvina septentrionale.

Les résultats immédiats de l'exploitation du Grand Transsibérien, tels qu'ils sont exprimés par le mouvement de transport des voyageurs et des marchandises, ont dépassé, dès le début, toutes les prévisions qui avaient été faites à cet égard. Sur les tronçons de la Sibérie Occidentale et de la Sibérie Centrale, les premiers transports ont commencé en octobre 1895 ; depuis lors, jusqu'en 1899, époque à laquelle toute la ligne de Tchéliabinsk à Irkoutsk a pu être affectée à ce service, il a été transporté :

	Voyageurs.	Marchandises (tonnes).
dans les 3 mois de l'année 1895. . .	211.000	57.000
En 1896. . .	417.000	184.000
En 1897. . .	600.000	443.000
En 1898. . .	1.049.000	700.000
En 1899. . .	1.075.000	657.000
Total	3.352.000	2.041.000

Parmi les marchandises exportées de Sibérie, la première place appartient aux céréales (42 0/0 de l'exportation totale) ; qu'on expédie principalement à l'étranger par les ports de Réval, Libau, Saint-Pétersbourg et Riga. Viennent ensuite : viande, gibier et volaille, beurre (expédié principalement sur le marché de Londres dans des wagons glacières), suif, peaux, laine, œufs.

Comme fret de transit, il convient de citer en premier lieu le thé, dont le transport augmente chaque année ; en 1897 : 28,000 tonnes, en 1898 : 36,000 tonnes. Il a été importé en Sibérie par le chemin de fer principalement du fer brut et ouvré, du sucre, des machines, du pétrole et différents objets manufacturés.

L'accroissement rapide du mouvement des voyageurs et des marchandises sur le Grand Transsibérien nécessita le recours à des moyens complémentaires dans le but d'augmenter la capacité de traction de cette voie et de permettre d'atteindre dès le début une vitesse de 37 kil. par heure pour les trains de voyageurs (vitesse adoptée en Amérique pour les lignes interocéaniques) et de 21 à 23 kil. par heure pour les trains de marchandises. A cette vitesse on parcourra en dix jours, quand toute ligne sera achevée, les 8,500 kil. compris entre Moscou et Vladivostok ou Port-Arthur ; le prix du billet de 1re classe avec wagon-lits sera de 310 francs conformément au tarif différentiel actuellement en vigueur.

On se rendra de Paris ou de Londres à Shangaï en seize jours, et le prix de ce voyage sera de 860 francs, tandis qu'aujourd'hui le même voyage par voie de mer demande 34 jours et revient à 2,450 francs.

En accélérant la marche des trains et leur donnant la vitesse usitée sur les réseaux européens, on se transportera, de l'Océan Atlantique à l'Océan Pacifique, en dix jours.

III.

Par la volonté de son Auguste Fondateur, la construction du Grand Transsibérien a été mise en connexité, avec certaines entreprises, dites auxiliaires, ayant pour objet la colonisation et le progrès industriel de la Sibérie. Le Transsibérien a ouvert la porte par laquelle s'est précipité le flot de l'émigration. Grâce au Comité du chemin de fer, le grand problème de l'émigration a été posé comme il convenait et l'œuvre entière a reçu une organisation répondant à sa haute portée, comme phénomène de la vie sociale par lequel s'accomplit la dernière étape du mouvement historique de répartition de la population sur le territoire de l'Empire, mouvement inévitable dans la vie de chaque peuple et déjà accompli dans l'Europe occidentale.

Pour assurer le succès de la colonisation de la Sibérie, il importait avant tout de répartir les colons entre les différents points de peuplement conformément à leurs inclinations naturelles et leurs habitudes.

La Sibérie est si grande et la nature en est si variée que des émigrés provenant des régions les plus diverses de la Russie d'Europe peuvent s'y établir convenablement. C'est pourquoi le Comité du chemin de fer Transsibérien s'est appliqué à répandre parmi les paysans des provinces intérieures de l'Empire les informations les plus exactes sur le mode d'existence dans cette contrée. La chancellerie du Comité des Ministres et l'administration spéciale pour les affaires d'émigration, instituée près le ministère de l'Intérieur, ont entrepris dans ce but la publication d'une série de fascicules populaires à bon marché concernant la Sibérie, ces fascicules ont été tirés à des centaines de mille d'exemplaires.

La réussite de la colonisation doit être également attribuée à la défense qui a été faite d'émigrer en Sibérie autrement qu'après avoir recueilli tous les renseignements nécessaires, et avoir obtenu l'allocation d'un lot de terre par l'intermédiaire d'un délégué dit « khodok » envoyé sur les lieux, et représentant soit la famille qui se propose d'émigrer, soit un groupe de familles. Le Comité a pris ensuite une série de mesures pour faciliter aux émigrants leur voyage en Sibérie et leur installation dans leurs nouveaux foyers. Les émigrants bénéficient notamment d'une réduction de 75 0/0 sur les prix du tarif de chemin de fer pour la 3ᵉ classe.

Les émigrants sont soumis à une surveillance sanitaire en chemins de fer et en bateaux à vapeur ; il a été organisé une assistance médicale et alimentaire au moyen de la création, sur toute la ligne du

Transsibérien et sur les points secondaires de la voie suivie par le flot. de l'émigration, de tout un réseau de stations où les émigrants peuvent s'arrêter, et où ils trouvent des baraquements chauffés, des hôpitaux, des réfectoires, etc.

Les soins médicaux leur sont délivrés gratuitement; les aliments sont donnés gratis aux enfants, aux malades et aux plus nécessiteux; à tous les autres, au prix de revient.

On comptait en 1900 trente stations de ce genre. Celle de Tchéliabinsk, point initial du Grand Transsibérien, est la plus importante, car c'est par là que débouche le principal courant de l'émigration; elle est aménagée pour recevoir 1,500 émigrants; c'est là qu'a lieu leur immatriculation. Des fonctionnaires du service d'émigration ressortissant du ministère de l'Intérieur sont placés à la tête de ces stations.

Pour ce qui est de l'installation des émigrants en Sibérie, le Comité s'est préoccupé avant tout de faire le relevé des terrains libres qui étaient utilisables et de préparer un nombre suffisant de territoires, dits de colonisation.

Dans ce but, il a été institué par le ministère de l'Agriculture et des Domaines des détachements spéciaux de topographes et d'employés du service d'organisation de ces territoires.

Ces détachements ont d'abord dirigé leur activité sur les territoires se rattachant aux localités déjà habitées; car il était de l'intérêt de l'œuvre du Transsibérien qu'il fût apporté une attention particulière à coloniser en premier lieu la zone traversée par le chemin de fer entre l'Oural et le lac Baïkal, qui comptait déjà une certaine population, bien que très clairsemée. A cet effet, il a été exécuté, entre autres, par une expédition qu'avait organisée le ministère de l'Agriculture, des travaux hydrotechniques pour fournir d'eau la steppe d'Ichim, qui manquait de sources, et pour assécher la steppe marécageuse de Baraba.

Les résultats pratiques de ces travaux ont été, au 1er janvier 1900, l'ouverture de plus de 1,000 puits et la construction de 700 kil. de canaux d'assèchement. De vastes territoires, jusque là déserts, ont été de la sorte rendus propres à la colonisation. La réserve de terrains utilisables pour l'installation des colons dans les cantons les plus voisins du chemin de fer étant épuisée, la colonisation a été étendue, d'une part, vers le Nord, aux vastes régions de forêts de la Sibérie qu'on nomme la « taïga » et les «ourmans», qui ont été peuplées par des émigrés provenant des provinces de l'Ouest et du Nord-Est de la Russie d'Europe et, d'autre part, aux territoires des steppes, relativement éloignés de la voie ferrée. Dans ces territoires, habités par des Kirghizes, on a constaté jusqu'en 1900, au moyen des études statistiques et agricoles qui y ont été faites, la disponibilité de près de 10,000,000 de déciatinas de terres en excédent de ce qui était nécessaire à ces nomades. 1,000,000 de déciatinas ont déjà été prélevées sur ce superflu pour être attribuées à la colonisation russe. De 1893 à 1899, il a été formé en territoires de colonisation près de 7,000,000 de déciatinas de terres libres appartenant à l'Etat, principalement dans les provinces de Tobolsk et de Tomsk et dans le territoire d'Akmolinsk. Sur ce chiffre, près de 5,000,000 de déciatinas sont déjà occupées par des colons.

A l'effet de faciliter aux émigrants leur première installation en Sibérie, le Comité du Transsibérien alloue chaque année, sur le fonds des entreprises auxiliaires, des sommes pour être réparties entre les colons les plus nécessiteux, sous forme de menues avances en argent et de prêts de divers objets et matières en nature pour monter leurs maisons et ensemencer leurs champs. Les fonctionnaires du Ministère de l'Intérieur, service des affaires des paysans sibériens, sont chargés de la distribution des sommes.

En outre, le Comité a organisé des dépôts de bois où des matériaux de construction sont délivrés aux paysans établis dans des régions dépourvues de forêts ; il a été créé également toute une série de dépôts d'instruments agricoles où les outils sont vendus aux émigrants avec facilités de paiement. En 1899, le mouvement annuel de fonds de ces dépôts a dépassé 1,250,000 francs. La direction de ces deux catégories de dépôts est confiée aux fonctionnaires chargés du service de l'émigration.

En même temps qu'il était donné satisfaction aux intérêts et aux besoins matériels des colons sibériens, il a été pourvu à leurs besoins moraux. L'assistance sous ce rapport est venue de la nation russe tout entière. Sur l'initiative de l'Empereur actuellement régnant, il a été organisé, près la Chancellerie du Comité des Ministres, au moyen d'offrandes particulières, un fonds spécial subventionné par le Comité du chemin de fer Transsibérien ; ce fonds, qui porte le nom de l'Empereur Alexandre III, est destiné à la construction d'églises et d'écoles dans les villages habités par les colons sibériens.

En 1900, ce fonds dépassait déjà 3,000,000 de francs. A l'aide de ces ressources, on a déjà bâti en Sibérie 100 églises et 73 écoles ; et actuellement 65 églises et 32 écoles sont en construction. Sur les mêmes bases, il a été constitué un autre fonds pour des œuvres de bienfaisance en faveur des immigrants, les ressources en sont affectées à l'entretien en Sibérie de trois asiles pour orphelins de colons, à l'organisation en 1900 d'un service médical pour les maladies des yeux, à l'assistance de la population, en cas de malheur, à la construction de routes à travers les ourmans, etc.

Grâce au chemin de fer de Sibérie, le mouvement d'émigration s'est considérablement accru, et a atteint une intensité qu'il n'avait pas eue jusque là. Depuis la création du Comité du Transsibérien, il a émigré en Sibérie :

En 1893.	65.000	personnes (des deux sexes).
» 1894.	76.000	» » » »
» 1895.	109.000	» » » »
» 1896.	203.000	» » » »
» 1897.	87.000	» » » »
» 1898.	206.000	» » » »
» 1899.	225.000	» » » »
Total. .	971.000	personnes (des deux sexes).

En outre, au cours de cette période, les bâtiments de la flotte nationale indépendante ont transporté dans la région de l'Oussouri 25,000 émigrants, soit 1 fois 1/2 de plus que dans les dix années précédentes.

Le total général de l'émigration en Sibérie, depuis quefonctionne le Comité, a été, par conséquent, de 996,000 émigrants, ce qui donne une moyenne de 142,000 par an.

Un des principaux résultats des mesures prises pour régulariser le mouvement d'émigration a été d'amener les émigrants à avoir mieux conscience de la portée de l'acte qu'ils allaient entreprendre; ce résultat s'est traduit par une diminution notable des cas d'émigration non précédés d'une autorisation gouvernementale, par l'abaissement de la mortalité des émigrants pendant la route, mortalité qui n'est plus que de 0,14 0/0. Enfin, des procédés de culture plus avancés et l'emploi d'instruments agricoles plus perfectionnés, ont été introduits en Sibérie.

Les données statistiques recueillies annuellement, sur l'initiative du secrétaire d'Etat Koulomzine, au sujet de la situation économique des villages de colons sibériens, montrent que les émigrants appartenant, dans leur grande majorité, à la classe des paysans d'une aisance moyenne, s'installent généralement en Sibérie dans des conditions meilleures que celles où ils étaient dans leurs lieux d'origine, et que leur bien-être s'accroit graduellement. Par là, se manifeste la haute importance de cette colonisation au point de vue des intérêts généraux de l'Etat.

Elle a pour effet d'amener une répartition plus égale de la population sur le territoire russe ; de plus, en procurant aux paysans qui souffrent de l'insuffisance des terres dans certaines régions de la Russie d'Europe, la possibilité de s'installer et de jouir du bien-être sur d'autres points de l'Empire, cette colonisation, telle qu'elle est organisée par le Comité, augmente l'actif économique de l'Etat lui-même, grâce à la mise en valeur de vastes espaces jusqu'ici inoccupés et à l'emploi en Sibérie de bras qui ne trouvaient pas assez d'occupations ailleurs.

Au cours de son œuvre de régularisation du mouvement colonisateur, le Comité s'est appliqué à étudier les forces productives de la Sibérie et à donner de l'impulsion au développement de ce pays sous le rapport commercial et industriel. C'est à cet ordre d'idées qu'il faut rapporter les mesures prises pour faire procéder à des recherches géologiques, dans le but de mettre à jour les richesses minérales enfouies dans le sol. Une attention spéciale a été apportée aux couches de houille, à l'effet de procurer un combustible à bon marché au chemin de fer de Sibérie qui traverse des régions entières dépourvues de forêts. Les recherches entreprises par les ingénieurs du ministère de l'Agriculture ont amené la découverte d'une série de gisements carbonifères, les uns près de la voie ferrée, notamment près des stations de Soudgenka, Tcheremkhovo, Mysovaja, les autres plus éloignés, tels les gisements d'Ekibaz-Touga, près de la ville de Pavlodar.

Quelques-uns de ces gisements, celui d'Ekibaz-Touga et partiellement celui de Soudgenka, ont été donnés en exploitation à des entrepreneurs particuliers. Outre ces découvertes de combustible, les recherches géologiques ont amené la découverte de mines de fer dans le Transbaïkal, de cuivre dans la contrée des steppes, de gisements de néphrite dans la province d'Irkoutsk, etc. Dans l'intérêt du développement de la production aurifère de la Sibérie, industrie qui donne par an (moyenne des années 1891 à 1897) près de 30 tonnes d'or, il a été procédé à l'étude de ces gisements sous le rapport technique et économique, dans les régions de l'Yenisseï, de l'Amour et de la Léna.

Une expédition spéciale a été chargée d'étudier au point de vue de cette production la côte Nord-Ouest de la mer d'Okhotsk ; on a découvert dans les bassins fluviaux de cette région des gisements aurifères pouvant être exploités. A partir de 1900, ces gisements seront donnés en exploitation pour une durée de quinze ans à ceux des entrepreneurs russes ou étrangers, ou des sociétés d'actionnaires qui offriront le maximum de paiement au Trésor pour une même quantité d'or extraite. Des gisements semblables ont été constatés dans la presqu'île de Quantoun.

Les travaux entrepris par le Comité pour l'amélioration de la navigabilité des fleuves sibériens et en particulier de l'Amour, ainsi que celle du lac Baïkal ont eu également une grande importance pour le développement économique de la Sibérie. Sur quelques-uns de ces fleuves, on a organisé la navigation à vapeur. A l'effet de rendre plus sûre la navigation sur le lac Baïkal, lac où les tempêtes sont fréquentes et qui est une des voies les plus importantes aboutissant au Transsibérien, le Comité a chargé en 1897 une expédition formée par le ministère de la Marine d'étudier ce lac au point de vue hydrographique ; la durée de ces travaux sera de cinq ans.

Cette expédition a déjà découvert un certain nombre de criques propres au mouillage des bâtiments, elle a rectifié la carte du Baïkal, adoptée jusqu'ici, et a établi des phares sur quatre des points principaux du lac. Les travaux de l'expédition ont une grande importance au point de vue du développement économique des localités situées sur le lac, localités qui abondent en richesses minérales de toute espèce, et qui disposent des grandes ressources que leur offre la pêche. Sous le rapport scientifique, il faut mentionner, comme très importantes, les études relatives à la flore sous-marine et à la faune du Baïkal, lac qui est un des réservoirs d'eau potable les plus profonds du globe (près de 1,500 m. de profondeur).

Outre le lac Baïkal, le ministère de la Marine a fait étudier au point de vue hydrographique, à l'aide des fonds alloués par le Comité, les embouchures de l'Obi et de l'Yénisseï ainsi qu'une partie de la mer de Kara, à l'effet de rendre la Sibérie plus accessible par les mers du Nord, et de développer sur les rivages sibériens de l'océan Glacial l'industrie de la pêche et l'exploitation des richesses animales de cette contrée.

Ces études ont montré que l'Yénisseï n'a pas de barre et qu'il est accessible aux vapeurs de la navigation maritime sur une étendue de 1,600 kil. à partir de son embouchure ; et qu'en outre, l'estuaire de l'Obi est navigable pour les bâtiments dont le tirant d'eau ne dépasse pas 12 pieds ; pour les bâtiments qui ont un tirant d'eau plus considérable, il a été découvert une crique, bien abritée des vents, qui porte le nom de Nakhodka.

Pour développer les relations commerciales avec les contrées de l'Extrême-Orient, c'est-à-dire avec la Chine et le Japon, le Comité a organisé un port de commerce à Vladivostok ; ce port est pourvu en hiver d'un vapeur brise-glaces d'une grande puissance, et est outillé pour suffire à l'entrée et à la sortie des cargaisons d'un poids total de 160,000 tonnes par an. Une Banque Russo-Chinoise a été fondée. A l'effet de faciliter l'importation par mer des matériaux de construction pour le chemin de fer de l'Est-Chinois, et de développer le commerce d'exportation russe en Extrême-Orient, la compagnie de ce chemin de fer a organisé une ligne de navigation à vapeur sur l'Océan Pacifique et la rivière Soungara, qui traverse la partie la plus industrielle et la plus peuplée de la Mandchourie.

Sur les côtes de la mer Jaune, mer toujours libre de glaces, à un des points extrêmes de la grande route de transit, à Talienwan, il a été entrepris, par ordre de S. M. l'Empereur actuellement régnant, la construction d'une ville nouvelle qui porte le nom de Dalny (« Lointaine ») et qui a été érigée en port franc. La situation, exceptionnellement favorable de cette ville, et les privilèges qui lui ont été conférés sont destinés à en faire un des centres principaux de relations commerciales entre l'Ancien Monde et le Nouveau.

Le total général des dépenses de construction du chemin de fer de Sibérie et du chemin de fer de l'Est-Chinois, construits par les Russes et avec des capitaux russes (en Sibérie par le gouvernement, et en Chine par une compagnie privée), y compris tous leurs embranchements et toutes les entreprises auxiliaires, dépasseront 2,125,000,000 fr., sur lesquels plus de 1,375,000,000 fr. ont déjà été dépensés avant 1900 ; les dépenses pour 1900 sont fixées à environ 331,000,000 fr. Mais, quelque élevée que soit la somme totale des dépenses, elle est insignifiante en comparaison des profits que tirera la Russie de l'exploitation de la route de transit la plus courte entre l'Océan Atlantique et l'Océan Pacifique, avantage auquel viennent s'ajouter l'impulsion que recevra le développement des forces productives de la Sibérie et l'extention des relations commerciales entre la Russie et les contrées de l'Extrême-Orient.

Paris.-Imp. PAUL DUPONT 1242 .7.1900 T.

EMPIRE RUSSE.

Echelle de 1 : 16.500.000

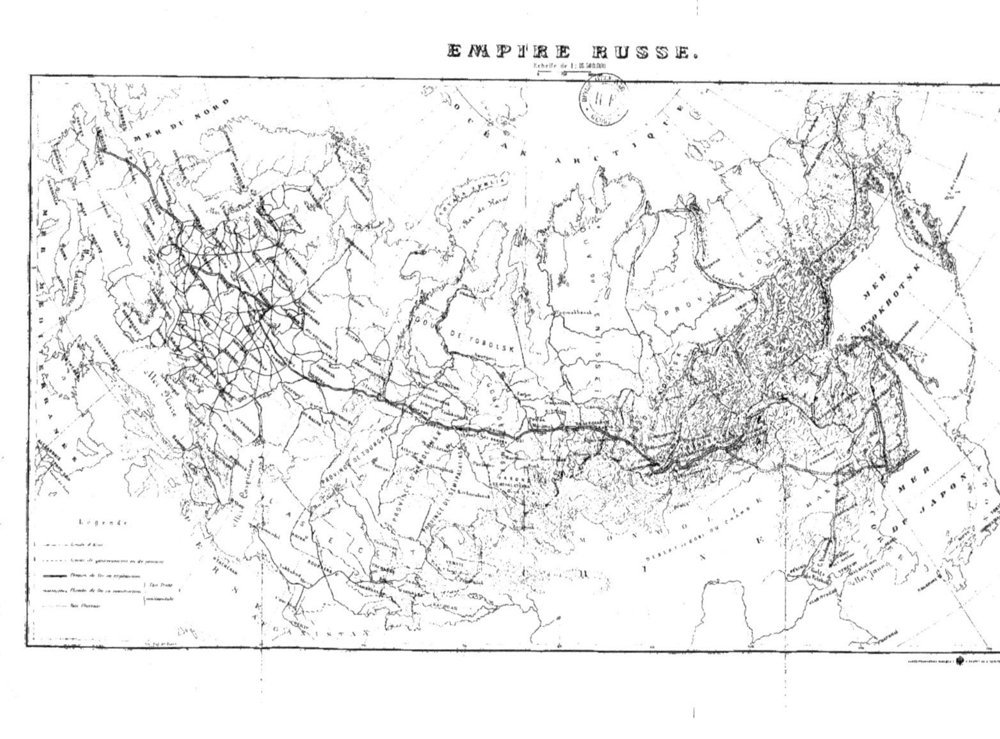